Aos que Choram os Mortos

C. W. Leadbeater

Aos que Choram os Mortos

The Theosophical Publishing House
Adyar, Chennai, 600 020, Índia

Direitos Reservados à
EDITORA TEOSÓFICA
SIG Quadra 6, Lote 1235
70.610-460 – Brasília-DF – Brasil
Tel.: (61) 3322.7843
Fax: (61) 3226.3703
E-mail: editorateosofica@editorateosofica.com.br
Site: www.editorateosofica.com.br

	Leadbeater, C.W.
L 434	
	Aos que choram os mortos/ C. W. Leadbeater: Brasília: Editora Teosófica, 2ª ed. 2021.
	Tradução: To Those Who Mourn
	ISBN: 978-85-7922-099-9
	1.Teosofia
	II.Título
	CDD212

Revisão: Maria Coeli Perdigão B. Coelho/ Zeneida Cereja da Silva
Diagramação: Reginaldo Mesquita
Capa: Marcelo Ramos
Impressão: Gráfika Papel e Cores
          E-mail: papelecores@gmail.com

A morte arrebatou um ente querido que você amava muito e que talvez representasse o mundo inteiro para você. Por isso, o mundo lhe parece vazio e você acredita que a vida não merece mais ser vivida, sentindo que a alegria o abandonou para sempre. Você acredita que a existência daqui em diante é só tristeza, sem esperança, expressão da saudade dolorosa sentida "do aperto de uma querida mão e do ressoar da voz de alguém que você não verá mais e, entretanto, continua a existir".

Você pensa principalmente na perda insuperável que sofreu; mas há também outra inquietação. A incerteza quanto às atuais condições do seu ente querido, que se foi, agrava seu desconsolo, porque você não sabe para onde ele foi.

Você tem a esperança de que ele ou ela esteja bem, mas quando levanta o olhar, tudo está vazio, e quando chama, não tem nenhuma resposta. Por isso, o desespero e a dúvida se apoderam de você, e formam uma nuvem escondendo o sol, que, entretanto, nunca se põe.

O seu sentimento é muito natural; eu, que escrevo estas linhas, o compreendo perfeitamente, e o meu coração se compadece de todos aqueles que, como vocês, estão cheios de aflição. Porém espero poder fazer alguma coisa mais do que compreendê-lo. Espero poder trazer-lhe auxílio e alívio. Auxílio e alívio que a milhares de pessoas, nessas tristes condições, têm sido dados. Por que eles não chegariam também até você?

Então surge a pergunta: "Como poderá haver auxílio e esperança para mim?"

Existe esperança de alívio, porque o seu desgosto se baseia em uma compreensão errada, sofrendo por uma coisa que, *na realidade, não ocorreu*. Quando você compreender os *fatos*, deixará de se atormentar. Você pode me dizer: "A minha perda é um fato. Como poderá me auxiliar, a não ser que realmente me devolva o meu ente querido?"

Compreendo bem o seu sentimento, mas ouça-me um

pouco para apreender três grandes proposições:

1. A sua perda é um fato evidente do seu ponto de vista. Pretendo mostrar-lhe outro ponto de vista. O seu sofrimento resulta de uma grande ilusão, do desconhecimento das leis da Natureza. Deixe-me guiá-lo pelo caminho do conhecimento, explicando algumas verdades simples, que você poderá depois estudar mais detidamente.

2. É desnecessário nutrir quaisquer inquietação ou incerteza com relação às condições

do seu ente querido, porque a vida depois da morte não é mais um mistério. O mundo de além-túmulo existe sob as mesmas leis naturais que este em que vivemos agora, e tem sido explorado e estudado com precisão científica.

3. Você não deve se lamentar, porque os seus lamentos prejudicam o seu ente querido. Se puder um dia abrir a sua mente à verdade, não irá se lamentar mais.

Você pode talvez pensar que essas palavras são meras conjecturas, mas permita-me perguntar em que fundamentos se baseia a sua atual crença, seja ela qual for. Você acredita nela porque alguma Igreja a ensina, ou por estar baseada nas páginas de algum livro sagrado; ou ainda por ser a crença geral daqueles que o rodeiam, isto é, a opinião aceita em seu tempo.

Se, porém, tentar liberar a sua mente de preconceitos, verá que estas opiniões também repousam em meras afirmações, pois as Igrejas ensinam princípios diferentes, e as palavras do livro sagrado podem ser interpretadas de várias maneiras, como de fato o têm sido.

O ponto de vista adotado em seu tempo *não* se baseia num conhecimento exato, mas simplesmente em tradições orais. Esses assuntos que nos tocam tão íntima e profundamente são importantes demais, para ficarem à mercê de meras suposições ou de crenças vagas; exigem a certeza da investigação científica e da verificação meticulosa. Essa investigação e verificação têm sido feitas, e é o resultado delas que quero lhe apresentar hoje. Não peço crença cega; afirmo o que eu mesmo sei, que são fatos, e convido-lhe a examiná-los.

Analisemos tais proposições uma por uma. A fim de esclarecer o assunto, devo antes falar um pouco sobre a constituição do homem, para melhor orientação daqueles que não possuem conhecimento especial da matéria.

Você ouviu falar vagamente que o homem é dotado de algo imortal, que se chama alma, que se supõe sobreviver à morte do corpo. Quero que abandone esta ideia vaga e que compreenda que mesmo se fosse verdade, seria uma apreciação muito restrita dos fatos. Você não deve dizer: "Espero ter uma alma" e sim: "*Sei* que *sou* uma alma". Pois esta é a verdade real; o homem é uma alma e *tem* um corpo. O corpo não é o homem, mas unicamente a sua vestimenta.

O que é chamado 'morte' é simplesmente o ato de despir uma veste estragada pelo uso; e tão certo é dizer que a morte é o fim do homem, quanto afirmar que *ele se* extingue quando tira a sua vestimenta. *Você não perdeu*, portanto, o seu amigo; mas apenas desapareceu de seus olhos a roupagem com que você estava acostumado a vê-lo. A roupa extinguiu-se, mas o homem que a usava permanece vivo; e, com certeza, é ao *homem* que você quer bem, e não à roupa que ele usava.

Antes de compreender a situação do seu amigo, é necessário que você chegue ao conhecimento de sua própria situação. Você é um ente imortal, imortal por ser, em essência, divino, uma centelha do Fogo do próprio Deus. Você já viveu durante eternidades, antes de usar esta vestimenta chamada agora de seu corpo, e viverá ainda durante eternidades, depois de seu corpo se desfazer em pó.

"Deus fez o homem para ser a imagem de Sua própria eternidade." Isso não é um enigma ou uma crença piedosa, é um fato científico definido, suscetível de prova, como pode ser depreendido da literatura sobre o assunto, se você puder lê-la.[1]

O que se lhe afigura como sua vida é, na verdade, somente um dia da sua verdadeira vida como alma, e o mesmo ocorre com o seu ente querido. Ele, portanto, *não está morto*; somente o seu corpo foi abandonado. Você não deve, porém, imaginá-lo como um mero sopro sem corpo. Conforme disse São Paulo há muito tempo: "Existe um

---

[1] Livros publicados pela Editora Teosófica:
Clarividência, C. W. Leadbeater
O Plano Astral, C. W. Leadbeater
A Vida Interna, C. W. Leadbeater
Tradição-Sabedoria, Ricardo Lindeman & Pedro Oliveira (N.E.)

corpo natural e existe um corpo espiritual." Esta observação é interpretada erroneamente pelos homens, que pensam tratar-se de corpos que se sucedem um ao outro, e não de corpos coexistentes.

Não existe apenas um só corpo "natural" ou corpo físico, que você pode ver, mas também um outro, um corpo interior, que você não enxerga, aquele que São Paulo chamava de "espiritual". E quando você se desfaz do corpo físico, ainda conserva aquele outro veículo mais sutil, estando vestido com o seu "corpo espiritual." Se simbolizarmos o corpo físico como uma vestimenta, podemos considerar o corpo espiritual como a roupa que usamos por baixo dessa vestimenta.

Se esta ideia estiver agora bem clara, poderemos dar um passo adiante. Não é só por ocasião do que chamamos morte, que você despe aquela vestimenta de matéria densa; cada noite, quando você vai dormir, você a tira por algumas horas e vaga, mundo afora, revestido de seu corpo espiritual, invisível neste mundo denso, porém claramente perceptível aos amigos que estiverem, ao mesmo tempo, usando corpos espirituais semelhantes. Porque cada corpo vê unicamente aquele que está em seu próprio nível; o seu corpo físico somente enxerga outros corpos físicos e o seu corpo espiritual só vê outros corpos espirituais.

Quando você colocar de novo a vestimenta, isto é, quando você voltar ao seu corpo denso e despertar neste mundo inferior, haverá ocasiões em que se lembrará, embora de modo confuso, do que viu enquanto esteve em outra parte, e então dirá ter tido um sonho vívido. O sono pode, portanto, ser descrito como uma espécie de morte temporária, e a única diferença é que você não se separa tão completamente de sua vestimenta, de modo que fique impedido de vesti-la de novo.

Conclui-se que quando você dorme, fica em condições idênticas àquelas em que se acha o seu ente querido. Explicarei a seguir que condições são estas.

Muitas são as teorias correntes sobre a vida depois da morte, porém quase todas baseadas em interpretações errôneas de escrituras antigas.

Houve tempo em que o tremendo dogma da punição eterna era quase universalmente aceito na Europa, dogma este em que atualmente só acreditam as pessoas desinformadas. Baseava-se tal dogma sobre a tradução errada de certas palavras atribuídas a Cristo, e foi mantido pelos monges da Idade Média, como um espantalho apropriado a induzir, pelo terror, as massas desinformadas a procederem bem.

À medida que o mundo foi avançando em civilização, os homens começaram a perceber que este dogma não só era blasfematório, como também incoerente.

Autoridades modernas em assuntos religiosos o substituíram por conceitos mais salutares, os quais, entretanto, são muito vagos e estão longe da simplicidade da verdade.

Todas as Igrejas tornaram

suas doutrinas complicadas, porque insistiram em fundamentar suas crenças no absurdo e falaz dogma de uma Divindade cruel, iracunda e desejosa de castigar o seu povo. Esta doutrina terrível foi importada do judaísmo primitivo, quando, ao contrário, deveria ter sido adotado o ensinamento de Cristo, segundo o qual Deus é um Pai Amoroso.

Aqueles que compreenderam o fato fundamental de que Deus é Amor, e que Seu universo é dirigido por leis sábias e eternas, compreenderão também que essas leis são observadas tanto no mundo de além-túmulo, como neste. Essas crenças, entretanto, ainda são vagas. Fala-se de um céu distante, de um dia de julgamento em futuro remoto, mas são poucas as informações do que sucede aqui e agora. Aqueles que ensinam nem sequer alegam ter alguma experiência pessoal das condições *post-mortem*; e nada nos dizem de conhecimento próprio, mas só por ouvir dizer. Como isso poderá nos satisfazer?

A verdade é que os dias de crença cega já passaram; estamos na era do conhecimento científico e não podemos mais aceitar ideias que não estejam escudadas na razão e no bom-senso.

Não existem motivos para que métodos científicos não devam ser aplicados à elucidação de problemas cuja solução, em tempos remotos, era entregue à Religião. De fato, *tais métodos têm sido empregados* pela Sociedade Teosófica e pela Sociedade de Pesquisas Psíquicas. É o resultado de tais investigações, feitas com espírito científico, que desejo submeter à sua apreciação.

Somos espíritos, mas vivemos em um mundo material, mundo, aliás, que só em parte conhecemos. Todos os conhecimentos que dele temos nos chegam por intermédio dos sentidos; mas esses sentidos são, entretanto, muito imperfeitos.

Podemos ver os objetos sólidos e usualmente podemos ver os líquidos, salvo quando forem de limpidez perfeita. Mas os gases, na maioria dos casos, nos são invisíveis.

Investigações demonstram que existem outras espécies de matéria muito mais tênues do que os gases mais rarefeitos; mas essas são imperceptíveis aos nossos sentidos físicos e, portanto, não podemos obter informações sobre elas através de meios físicos.

Não obstante, podemos entrar em contato com elas; podemos examiná-las, mas só o conseguimos por meio daquele "corpo espiritual" a que já nos referimos, porque o conhecimento dessas matérias exige faculdades pertencentes a este corpo.

A maioria dos homens ainda não aprendeu a se utilizar de tais faculdades, mas este poder poderá ser adquirido. Sabemos que isso é possível, porque já ocorreu, e aqueles que conseguiram adquirir esse poder estão habilitados a perceber muita coisa imperceptível aos sentidos do homem comum.

Eles descobrem que o nosso mundo é muito mais maravilhoso do que jamais poderíamos supor; e que embora a humanidade tenha vivido nele durante milhares de anos, a maioria dela permanece lamentavelmente ignorante sobre a parte superior e mais bela de sua vida. A linha de pesquisa a que me estou referindo já produziu resultados prodigiosos e está abrindo diante de nós, dia a dia, novos horizontes.

Maiores informações sobre o assunto poderão ser encontradas na literatura teosófica, mas neste livro, estamos preocupados somente com o novo conhecimento que tal literatura nos proporciona quanto à vida depois da chamada "morte" e as condições daqueles que se encontram nesse estado.

A primeira coisa que aprendemos é que a morte não é o fim da vida, como por desconhecimento supúnhamos, e sim, apenas a passagem de uma etapa de vida para outra. Já afirmei que a morte não representa mais do que o tirar uma vestimenta, e que, depois dela, o homem ainda está revestido de suas roupas caseiras, daquele corpo que, por ser muito sutil, foi por São Paulo denominado de "espiritual", embora seja ainda um corpo, e portanto material, composto de matéria, aliás, infinitamente mais tênue do que qualquer das conhecidas por nós.

O corpo físico serve de meio de comunicação do espírito com o mundo físico. Sem esse corpo como instrumento, o espírito não teria meios de se pôr em contato com aquele mundo, de produzir impressões sobre ele, ou de recebê-las dele.

Verificamos que o corpo espiritual serve exatamente para o

mesmo fim; atua como um intermediário do espírito com o mundo mais elevado, o "espiritual". Este mundo espiritual não é de forma alguma qualquer coisa de vago, distante e inatingível; é simplesmente uma parte mais elevada do mundo no qual agora habitamos.

Não nego existirem outros mundos muito mais elevados e mais remotos. Digo apenas que aquilo que habitualmente é chamado "morte", nada tem a ver com esses mundos, e que a morte não representa nada mais do que a transferência de certa etapa ou condição para outra, neste mundo a nós familiar.

Pode-se replicar que o homem, depois de semelhante mudança, torna-se invisível aos nossos olhos. Porém, se você refletir um pouco, verá que o verdadeiro homem esteve sempre invisível para você, pois aquilo que você tinha o hábito de ver era unicamente o corpo por ele habitado. Agora, habita outro corpo, mais sutil, que escapa à sua visão ordinária, mas nem por isso está de todo além do seu alcance.

O primeiro ponto de que devemos nos convencer é que os chamados 'mortos' não se afastaram de nós.

Fomos educados em uma crença complicada, segundo a qual a morte é um milagre maravilhoso e único; crença que nos afirma que, quando a alma deixa o corpo, desaparece de um modo qualquer em um céu além das estrelas, sem nenhuma referência quanto aos meios mecânicos de atravessar os formidáveis espaços siderais.

Os processos da natureza são certamente admiráveis e, muitas vezes, incompreensíveis para nós, mas nunca estão em desacordo com a razão e o bom-senso.

Quando você retirar a sua vestimenta na entrada do mundo do Além, você não desaparecerá repentinamente para o cume de alguma montanha distante, mas continuará justamente no mesmo lugar, embora apresente uma aparência externa diferente.

Exatamente e do mesmo

modo, quando um homem se desfaz do corpo físico, continua precisamente no lugar onde antes se achava. É verdade que não o vemos mais; a razão disso, porém, não é que ele tenha ido embora, mas que o corpo usado por ele agora não é visível aos nossos olhos físicos.

Talvez você não ignore que os nossos olhos só respondem a uma fração muito pequena das vibrações existentes na natureza, e que, por conseguinte, as únicas substâncias visíveis para nós são aquelas que refletem essas ondulações especiais.

A faculdade de percepção por parte do seu "corpo espiritual" decorre do fato de ele responder a essas ondulações especiais, de uma ordem, aliás, muito diferente das do mundo físico, por provirem de um tipo de matéria muito mais sutil. Tudo isso, se lhe despertar interesse, poderá ser estudado pormenorizadamente na literatura teosófica.

Por enquanto, o que afirmamos é que, por intermédio do corpo físico, você poderá ver e ter contato unicamente com o mundo físico; ao passo que, por intermédio do "corpo espiritual", poderá perceber e tocar os objetos do mundo espiritual. E lembre-se bem de que esse mundo espiritual não é outro mundo, mas simplesmente uma parte mais sutil deste nosso mundo.

Digo, mais uma vez, que *existem* outros mundos, mas não estamos tratando deles neste momento. Aquele que você julgou ter partido, em realidade ainda se acha com você. Quando se encontrarem lado a lado, você no corpo físico e ele no veículo "espiritual", você não terá consciência de sua presença, porque não o enxergará; mas, quando deixar o seu corpo físico, durante o sono, estará lado a lado com ele, em plena e perfeita consciência, e a sua união será realmente tão completa como antes. Assim, durante o sono, você se sente feliz com aquele a quem ama; a separação só é real nas horas em que você está acordado.

Infelizmente para muitos de nós há uma interrupção entre a

consciência física e a consciência do corpo espiritual, de modo que consideramos impossível trazer, para a vida de vigília, a memória do que faz a alma quando se encontra fora do corpo, durante o sono. Se esta memória fosse perfeita, não haveria de fato morte alguma para nós.

Alguns homens já atingiram essa consciência contínua e todos poderão consegui-lo gradualmente, porque ela é parte do desenvolvimento natural dos poderes da alma. Em muitos, tal desenvolvimento já teve início e, assim, fragmentos de memória se manifestam, mas há uma tendência dos homens para considerarem esses fragmentos unicamente como sonhos e, como tais, despidos de importância, opinião essa prevalente entre os que nunca estudaram os sonhos e não compreendem o que realmente são.

Mas, embora poucos possuam visão completa e memória total, existem muitos que tiveram a possibilidade de sentir a presença dos seus entes queridos, ainda que não lhes tenha sido dado enxergá-los. Outros há que, embora sem memória bem definida, acordam do sono com um sentimento de paz e felicidade, resultante do que aconteceu naquele mundo mais elevado.

Recorde-se sempre de que este é o mundo inferior e aquele o superior; e que o maior, neste caso, inclui o menor. Na consciência daquele, você se lembra perfeitamente do que aconteceu neste, porque, ao passar deste para aquele, ao cair no sono, você se liberta de um impedimento, o obstáculo do corpo inferior; mas quando volta para a vida inferior, de novo você toma aquela carga, de novo você tolda as faculdades superiores e assim se afunda no esquecimento. Daí se conclui que, se você tiver alguma comunicação a fazer ao seu amigo falecido, basta formular essa mensagem de modo claro, na sua mente, antes de adormecer, com a resolução de transmiti-la ao seu amigo, e poderá ter quase a certeza de que assim fará, logo que o encontrar.

Às vezes, você pode ter o desejo de consultá-lo sobre qualquer ponto; aqui a interrupção entre as duas formas de consciência impede, geralmente, voltar com uma resposta definida. Mesmo, porém, quando não puder trazer uma lembrança clara, irá acordar frequentemente com uma impressão forte, quanto aos seus desejos ou sua decisão, e poderá aceitar normalmente tal impressão como correta.

Cabe, porém, advertir que é conveniente consultar o falecido o menos possível, porque, conforme veremos mais adiante, é de todo aconselhável que ele não seja incomodado no mundo superior, com assuntos pertencentes ao departamento de vida, do qual ele já se libertou.

Isso nos conduz a considerações sobre a vida que os mortos estão levando. Nela há muitas e grandes variações, mas ao menos é quase sempre mais feliz do que a vida na Terra. Conforme reza uma velha Escritura: "As almas dos justos estão nas mãos de Deus, e nenhuma tormenta poderá tocá-las. No entender das pessoas desinformadas, eles parecem ter morrido, e a sua partida é considerada um infortúnio, um completo aniquilamento, mas a verdade é que os mortos estão em paz".

Devemos nos livrar de teorias antiquadas; o morto não pula repentinamente para dentro de um céu impossível, nem cai dentro de um inferno mais impossível ainda. De fato, não existe inferno no sentido antigo e iníquo da palavra; e não há inferno em parte alguma e em sentido algum, a não ser aquele que o homem prepara para si mesmo.

Trate de compreender nitidamente que a morte não produz diferença alguma no homem; ele não se transforma de um momento para outro em um grande santo ou anjo, nem é repentinamente dotado de toda a sabedoria dos tempos. Após a sua morte, ele é exatamente o mesmo homem que antes dela, com as mesmas emoções, a mesma disposição de espírito, o mesmo desenvolvimento intelectual. A única diferença é que deixou de ter um corpo físico.

Procure refletir cuidadosamente sobre o que isso significa. Significa a libertação absoluta da possibilidade de dor ou fadiga e também de deveres enfadonhos; goza o morto, (provavelmente pela primeira vez), de liberdade total para fazer exatamente o que bem lhe aprouver.

Na vida física, o homem se acha constantemente constrangido. A não ser que pertença a uma pequena minoria provida de recursos materiais, está sempre sob a pressão constante do trabalho, a fim de obter o dinheiro indispensável para poder comprar comida, roupa e abrigo para si próprio e para seus dependentes.

Em alguns casos raros, como os do artista e do músico, o trabalho do homem constitui um prazer para ele, mas, na maioria dos casos, é uma forma de atividade a que certamente não se dedicaria, se para isso não fosse compelido.

No mundo espiritual não há mais necessidade de dinheiro, comida e abrigo, porque sua glória e beleza são franqueadas a todos os habitantes, sem dinheiro ou outra retribuição. Na matéria rarefeita desse mundo, seu corpo espiritual se transporta para cá e para lá, conforme sua vontade. Aquele que aprecia as belas paisagens das florestas, do mar e do céu, pode visitar à vontade os pontos mais pitorescos da Terra.

Aquele que aprecia a arte pode dedicar todo o seu tempo à contemplação das obras-primas dos maiores mestres; aquele que for músico poderá passar de uma para outra entre as principais orquestras do mundo, ou poderá empregar o seu tempo ouvindo os mais célebres artistas. O homem, nesse estado, tem plena liberdade de devotar-se inteiramente àquilo que na Terra houver sido a sua predileção particular, e gozá-la até o extremo, desde que o gozo seja intelectual, ou pertença ao plano das emoções superiores e para ser satisfeito não exija a posse de um corpo físico.

Resulta daí, portanto, que todos os homens corretos e sensatos serão infinitamente mais felizes depois da morte do que antes dela, porque dispõem de tempo bastante, não só para recrear nobremente o espírito, como também para progredir real e satisfatoriamente nos conhecimentos que mais interesse lhes despertaram.

Mas não haverá naquele mundo alguém infeliz? Sim, porque aquela vida é necessariamente uma continuação desta, e o homem é, em todos os aspectos, o mesmo que antes de deixar seu corpo. Se os seus prazeres neste mundo eram baixos e vis, não encontrará naquele mundo meios de satisfazer seus desejos. Um bêbado sofrerá de sede implacável, porque não possui mais um corpo, por cujo intermédio possa mitigá-la; o glutão sentirá a falta dos prazeres da mesa; o avarento não mais encontrará ouro para juntar.

O homem que durante sua vida terrena cedia a paixões indignas, as sentirá corroendo sua vitalidade. O sensual continua a fremir, esporeado por desejos que não mais poderão ser saciados; o ciumento é ainda atormentado por seu ciúme, e tanto mais quanto não tem interferência nos atos do objeto de seus desejos.

    Indubitavelmente, muito sofrem os homens nessas condições, mas também somente sofrem aqueles cujas inclinações e paixões foram vis e de natureza física. E mesmo esses têm seu destino totalmente nas próprias mãos. Basta que dominem essas inclinações más e imediatamente ficarão libertos do sofrimento que elas acarretam. Recorde-se sempre de que isso não é uma punição, mas o resultado natural de uma causa definida; de modo que basta remover a causa, para cessar o efeito, embora nem sempre imediatamente, mas logo que se tenha esgotado a energia da causa produtora.

Há muitas pessoas que evitaram esses vícios mais evidentes, porém que se entregaram à vida chamada mundana, cuidando principalmente da sociedade e de suas convenções, pensando só em divertir-se. Essas pessoas não ficam sujeitas a sofrimento intenso no mundo espiritual, mas certamente o acham tedioso; parece-lhes que o tempo é uma carga pesada em suas mãos. Podem reunir-se a outros do mesmo tipo; mas geralmente os acham enfadonhos, agora que não há mais a fútil emulação por causa das roupas e das joias usadas; ao passo que os homens mais elevados e mais inteligentes, de que desejam aproximar-se, estão em geral ocupados de outra forma e, portanto, quase inacessíveis para elas.

O homem, porém, que tem interesses intelectuais ou artísticos, irá sentir-se infinitamente mais feliz fora do seu corpo físico, do que dentro dele. É preciso lembrar que é sempre possível a um homem desenvolver, naquele mundo, um interesse racional qualquer, se tiver bastante bom-senso para alimentar semelhante desejo.

Os homens de tendência artística e intelectual podem gozar de suprema felicidade naquela nova vida. Mais ditosos, porém, são ainda aqueles que se dedicaram com vivo interesse a seu próximo, aqueles cujo maior prazer estava em auxiliar, socorrer, ensinar. Porque, embora naquele mundo não exista mais pobreza, nem fome, ou sede, ou frio, há, no entanto, os aflitos que carecem de conforto, os ignorantes que podem receber ensino.

Justamente porque nos países ocidentais é muito pequeno o conhecimento sobre o mundo do além-túmulo, neles encontramos muitos que precisam ser instruídos quanto às possibilidades dessa nova vida; de modo que aqueles que sabem, podem espalhar esperança e boas novas, tanto lá como aqui.

Lembre-se, porém, de que "lá" e "aqui" são termos usados unicamente por causa da nossa cegueira; pois o mundo do além está sempre aqui bem perto e em volta de nós, não se devendo, nem por um momento, considerá-lo distante ou de aproximação difícil.

Podemos perguntar: Os mortos, então, nos enxergam? Escutam o que dizemos? Indubitavelmente, podemos dizer que nos veem, no sentido de estarem sempre conscientes de nossa presença, de saberem se estamos felizes ou se nos sentimos mal; mas não escutam as nossas palavras e não têm consciência clara das nossas ações físicas. Um momento de reflexão nos mostrará quais são os limites de seu poder visual.

Os mortos vivem naquilo que chamamos o "corpo espiritual", um corpo que existe dentro de nós próprios e é, no que se refere à aparência, uma duplicata exata do corpo físico; mas enquanto estamos acordados, a nossa consciência está exclusivamente focalizada neste último corpo. Já tivemos ocasião de dizer que, do mesmo modo que a matéria física se relaciona com o corpo físico, assim também a matéria espiritual só é perceptível por aquele corpo superior.

O que, portanto, o homem morto pode ver de nós, é somente o nosso corpo espiritual, ao qual, aliás, não tem dificuldade em reconhecer. Quando nos encontramos no chamado estado do sono, a nossa consciência está usando aquele veículo, o espiritual, e assim para o morto estamos acordados; mas quando transferimos a nossa consciência para o corpo físico, parece, ao homem morto, que nós estamos dormindo, porque, embora ainda nos veja, não lhe prestamos mais atenção, nem podemos mais nos comunicar com ele.

Quando um amigo vivo adormece, temos a certeza de sua presença, mas, momentaneamente cessa toda a comunicação com ele. Precisamente a mesma é, aos olhos do morto, a condição do homem vivo enquanto estiver desperto. Porque não podemos, geralmente, recordar quando acordados, o que vimos durante o sono, ficamos na ilusão de termos perdido os nossos mortos; mas eles nunca têm a ilusão de que nos perderam, porque podem nos ver o tempo todo. Para eles, a única diferença é que estamos em sua companhia durante a noite e longe deles durante o dia; ao passo que, quando se achavam conosco na Terra, era justamente o contrário.

Cumpre notar que aquilo que, segundo São Paulo, temos designado como "corpo espiritual" (mais conhecido como corpo astral), é especialmente o veículo de nossos sentimentos e emoções; são, portanto, esses nossos sentimentos e emoções que mais nitidamente se mostram aos olhos dos mortos. Quando estamos alegres, eles imediatamente o percebem, sem, entretanto, conhecerem o motivo da alegria; se a tristeza de nós se apodera, logo a reconhecem e dela participam, embora não saibam a razão de nossa tristeza.

Tudo isso, naturalmente, se dá durante as horas em que nos achamos acordados; quando dormimos, conversam conosco como outrora costumavam fazer na Terra.

Aqui na nossa vida física podemos esconder os nossos sentimentos; naquele mundo superior isso é impossível, porque se manifestam instantaneamente de modo visível. Como muitos de nossos pensamentos estão ligados a nossos sentimentos, a maioria destes é imediatamente óbvia naquele mundo, mas tudo o que se refere aos pensamentos de natureza abstrata continua oculto.

Você dirá certamente que tudo isso pouco tem de comum com o céu e o inferno de que nos falaram na nossa infância; é, porém, de fato, essa a realidade existente por trás daqueles mitos.

Na verdade, não existe o inferno, mas você compreenderá que o bêbado e o sensual preparam, para si, alguma coisa que, em suma, representa bem o inferno. A diferença consiste em que esse inferno não é eterno; permanece ativo enquanto os maus desejos e sentimentos não estiverem esgotados. O morto poderá, a qualquer momento, acabar com esse inferno, se tiver força e bom-senso suficientes para dominar os apetites terrenos e elevar-se inteiramente acima deles. Essa é a verdade da doutrina católica sobre o purgatório, a ideia de que após a morte as más qualidades do homem têm de ser queimadas por meio de certa quantidade de sofrimento, antes de ele poder gozar a bem-aventurança do céu.

Há um segundo e mais elevado degrau da vida após a morte, o qual corresponde, muito precisamente, à concepção racional do céu. Esse plano mais elevado é atingido, quando todos os sentimentos baixos ou egoístas tiverem desaparecido inteiramente. Então, o homem passa à condição de êxtase religioso, ou de elevada atividade intelectual, conforme sua natureza e de acordo com as linhas pelas quais sua energia se manifestou durante a vida terrena.

Esse é para o homem um período de ventura suprema, um período de compreensão mais vasta e de aproximação mais exata da realidade. Essa felicidade virá um dia para todos, e não só para os devotos.

Essa vida não deve, de modo algum, ser considerada como uma recompensa, mas, unicamente, como o resultado inevitável do caráter desenvolvido na vida terrena. Se um homem está repleto de elevada e altruística afeição ou devoção, se alcançou um grande desenvolvimento intelectual ou artístico, o resultado inevitável de tal desenvolvimento será a alegria intensa de que falamos.

Devemos dizer que esses estados todos são degraus de uma mesma vida, e assim como o procedimento de um homem, durante a sua mocidade, prepara, em larga escala, as condições de sua vida posterior, assim o comportamento durante a vida terrena determina as condições dos estados subsequentes. E esse estado de felicidade será eterno? Não, porque, conforme fiz ver, é o resultado da vida terrena, e uma causa finita, nunca poderá produzir um resultado infinito.

A vida do homem é muito mais extensa e maior do que se

supõe. A Centelha que emanou de Deus deverá a Ele voltar e nós, por enquanto, estamos ainda longe daquela perfeição da Divindade.

Toda a vida está evoluindo, porque a evolução é a lei de Deus, e o homem cresce vagarosa e continuamente com o restante. O que comumente se chama vida do homem é, na realidade, somente um dia de sua verdadeira e mais extensa vida.

Assim como, nesta vida comum, o homem se levanta todas as manhãs, veste-se e sai para o trabalho diário, e quando chega à noite, despe-se para descansar e torna a levantar-se na manhã seguinte, a fim de recomeçar o trabalho no ponto em que o deixou, assim também o homem entra na vida física, veste o corpo físico, e quando o tempo de trabalho tiver passado, esse corpo se desfaz mais uma vez, na chamada morte, e passa ao estado de mais sossego e descanso, acima descrito.

Quando o período de descanso tiver passado, mais uma vez o homem toma a vestimenta corporal e segue em frente, para começar um novo dia de vida física, reiniciando a sua evolução no ponto onde a tiver deixado. E essa longa vida dura até que ele atinja o grau de divindade que Deus lhe assinalou.

Tudo isso pode ser novo para você e parecer estranho e fantástico. Tudo, porém, que afirmei, pode ser provado e tem sido verificado muitas vezes; mas, se você desejar conhecer tudo, deverá estudar a literatura relativa ao assunto, porque em um pequeno livro, escrito com um fim especial, como este, só me é dado estabelecer fatos, sem tentar aduzir provas.

Talvez você queira perguntar se os mortos não são perturbados por preocupações com os entes que deixaram na Terra. Às vezes isso acontece e tal ansiedade lhes retarda o progresso. Deveríamos por esse motivo evitar, quanto possível, essa perturbação. O ente querido deveria achar-se inteiramente livre de qualquer pensamento relativo à vida que deixou, de forma a poder devotar-se exclusivamente à sua nova existência.

Aqueles, portanto, que no passado dependeram de seus conselhos, deveriam esforçar-se por pensar por si próprios, a fim de evitar fortalecer, por meio de laços mentais, as relações com o mundo que o morto momentaneamente deixou.

É, por exemplo, uma ação especialmente meritória, tomar conta dos filhos de uma pessoa falecida, porque não somente as crianças são beneficiadas, como se alivia a ansiedade daquele que partiu e facilita-se seu caminho ascensional.

Se o falecido tiver aprendido, durante a vida física, doutrinas religiosas errôneas ou blasfematórias, chegará, às vezes, a sofrer com medo da sua sorte futura. Felizmente, existem no mundo espiritual muitos seres que se dedicam à procura das pessoas assim iludidas, a fim de libertá-las desse pavor, por meio de uma explicação racional dos fatos.

Não são somente pessoas mortas que se devotam a essa missão, mas também muitos homens vivos dedicam o seu tempo todas as noites, durante o sono, ao serviço dos mortos, esforçando-se por aliviá-los do medo ou do sofrimento, explicando-lhes a verdade em toda sua beleza. Todo o sofrimento tem a sua origem na ignorância; desfazendo-se a ignorância, o sofrimento não existirá mais.

Um dos casos mais tristes de perda é quando uma criança deixa este plano físico e os pais ficam a olhar para o seu lugar vazio e sentem a falta da sua tagarelice querida. O que, pois, acontece às crianças neste novo e estranho mundo espiritual? De todos os que aí entram, são provavelmente os mais felizes e os que mais depressa se sentem em sua própria casa. Lembre--se de que elas não perderam realmente os pais, os irmãos, os companheiros a quem amam; porque os têm para brincar, durante a chamada noite, em vez de ser durante o dia, de modo que não sentem perda ou separação alguma.

Durante o nosso dia, nunca ficam sozinhas, porque lá,

como aqui, as crianças se reúnem e brincam juntas, em campos elísios de raras delícias. Sabemos como na Terra a criança brinca, fazendo acreditar ou pretendendo ser este ou aquele personagem de uma determinada história, desempenhando a parte principal em toda a classe de magníficos contos de fadas ou narrações de aventuras.

Na matéria mais sutil do mundo superior, os pensamentos tomam para as crianças uma forma visível, e, por isso, a criança que se imaginar um herói qualquer, de pronto adota temporariamente a aparência real do herói. Se desejar um castelo encantado, os seus pensamentos podem construir esse castelo. E assim, entre os mortos, as multidões de crianças estão sempre cheias de alegria, na verdade muitas vezes até excessivamente felizes.

E outras crianças de índole diferente, aquelas cujos pensamentos mais naturalmente se inclinam para assuntos religiosos, essas também jamais deixam de encontrar aquilo de que sentem saudades. Porque os anjos e os santos, de que falam as antigas lendas, existem realmente, não são meras fantasias piedosas; e aqueles que precisam do seu auxílio e neles têm fé são certamente atraídos para eles, os sentem mais bondosos e mais gloriosos do que jamais sonhara a fantasia.

Há muitas pessoas que gostariam de encontrar Deus em pessoa, Deus em forma humana; mesmo essas não sofrem decepção, pois os instrutores mais bondosos e mais gentis lhes ensinam que todas as formas são de Deus, porque Ele está em toda a parte, e aqueles que auxiliarem e servirem às mais humildes de suas criaturas, em verdade estarão auxiliando e servindo a Ele.

As crianças gostam de ser úteis e ficam encantadas em ajudar e consolar. Um grande campo de auxílio e conforto se estende diante delas, e à medida que se movem por seus campos gloriosos, em suas tarefas de misericórdia e de amor, aprendem a verdade do belo e antigo ensinamento: "Tudo o que fizestes a qualquer um dos mais humildes destes meus irmãos, a mim o fizestes".

E as pequenas crianças de peito, aquelas que ainda não têm idade para brincar? Nada receie por elas, porque muitas mães falecidas esperam avidamente por elas, para apertá-las ao seio, adotá-las e amá-las como se fossem seus próprios filhos. Geralmente, tais pequenos seres permanecem apenas por pouco tempo no mundo espiritual e logo retornam mais uma vez à Terra e frequentemente aos mesmos pais.

Com relação a essas crianças, os monges medievais inventaram horrores especialmente cruéis, ao sugerir que a criança falecida sem batismo estaria perdida para sempre de seus amigos. O batismo é um sacramento real e tem seu valor; porém seria muito pouco racional imaginarmos que a omissão de uma fórmula externa como essa possa afetar o funcionamento das eternas leis de Deus, ou transformá-lo de um Deus de Amor, em um tirano sem piedade.

Até agora só tratamos da possibilidade de alcançar os mortos elevando-nos ao seu plano durante o sono, que é o caminho normal e natural. Há também, evidentemente, o método anormal e antinatural do espiritismo, em que, momentaneamente, os mortos se revestem outra vez do seu véu carnal e se tornam assim, mais uma vez, visíveis aos nossos olhos físicos.

Os estudiosos do ocultismo não recomendam esse método, em parte, porque muitas vezes atrasa o morto na sua evolução e, em parte, porque há grande incerteza a esse respeito e muita possibilidade de ilusão e fraude.

O assunto é muito extenso e complicado para poder ser tratado nestas curtas linhas. A este respeito escrevi um livro intitulado: *"The Other Side of Death" (O que há além da morte)*. Haverá também alguns relatos de situações em que os mortos voltam espontaneamente a este mundo inferior e se manifestam de vários modos, geralmente porque desejam que façamos alguma coisa por eles. Em todos esses casos, é melhor tratar de descobrir rapidamente o que eles querem e satisfazer os seus desejos, se possível, de modo que suas mentes possam ter descanso.

Se você assimilou o que eu já disse até agora, compreenderá que, por mais natural que seja sentir tristeza pela morte de nossos parentes e amigos, esta tristeza é um erro e um mal, que deveríamos procurar vencer. Não há necessidade de acabrunhar-se por causa *deles*, porque passaram para uma vida mais ampla e mais feliz. Se nos afligirmos por causa de nossa separação imaginária deles, em primeiro lugar, choraremos sobre uma ilusão, porque, na realidade, eles não estão separados de nós e, em segundo lugar, agiremos egoisticamente, pois pensaremos mais em nossa perda aparente, do que no grande e real proveito deles.

Devemos procurar ser totalmente altruístas, como de fato todo amor deveria ser. Devemos pensar *neles* e não em nós; não naquilo que nós desejamos e sentimos, mas somente no que para eles for melhor e mais útil para seu progresso.

Se chorarmos, se nos entregarmos à tristeza e à depressão, enviaremos uma nuvem pesada que escurece o céu para *eles*. Justamente a grande afeição e elevada simpatia dos nossos entes queridos por nós os expõe a essa influência terrível.

Podemos usar a força que aquela afeição nos dá para auxiliá-los, em vez de embaraçá-los, se realmente o desejarmos; mas isso requer coragem e sacrifício.

Devemos nos abstrair inteiramente de nós próprios, quando quisermos nutrir verdadeiro e afetuoso desejo de ajudar os mortos o mais possível. Cada pensamento, cada sentimento nosso tem influência sobre eles; cuidemos, pois, de não termos senão pensamentos elevados, inspirados no desejo de auxiliar e de purificar.

Se é provável que os mortos possam estar sentindo alguma aflição por nossa causa, sejamos constantemente alegres, para que possamos convencê-los de que não há motivo algum para se inquietarem por nossa causa.

Se durante a vida física, eles não tiveram oportunidade de adquirir informações detalhadas e exatas com relação à vida *post-mortem*, procuremos nos esforçar, sem demora, para assimilar tais ensinamentos e transmiti-los em nossas conversas com os nossos mortos durante a noite.

Como nossos pensamentos e sentimentos se refletem tão prontamente nos deles, esforcemo-nos para que tais pensamentos e sentimentos sejam sempre elevados e encorajadores. "Se conhecerdes tais coisas, bem-

-aventurados sereis se procederdes de acordo com elas."

Procure compreender a Unidade que em tudo se manifesta. Há um Deus e todos os seres são Um em Deus. Se pudermos incorporar a unidade daquele Amor Eterno, não haverá mais sofrimento para nós, porque teremos a convicção de que, não só nós, mas todos aqueles a quem amamos, quer na morte, quer na vida, somos do Senhor, e que n'Ele vivemos, nos movemos e temos a nossa existência, tanto neste mundo, como no mundo futuro.

Entregar-se à dor, por motivo do falecimento de um ser querido, é proceder sem fé e deixar-se inspirar pela ignorância. Quanto mais conhecimento tivermos, mais confiaremos totalmente, porque sentiremos com a máxima certeza, que tanto nós como os nossos mortos estamos nas mãos de um Poder e de uma Sabedoria perfeitos, ambos dirigidos pelo perfeito Amor.

Informações sobre Teosofia e o Caminho Espiritual podem ser obtidas na Sociedade Teosófica no Brasil no seguinte endereço: SGAS - Quadra 603, Conj. E, s/nº, CEP 70.200-630 Brasília, DF. O telefone é (61) 3226-0662. Também podem ser feitos contatos pelo telefax (61) 3226-3703 ou e-mail: st@sociedadeteosofica.org.br - www.sociedadeteosofica.org.br.

(61) 3344-3101
papelecores@gmail.com